LOS PORQUÉS
DE EL PAIS
DE LAS TENTACIONES

EL PAIS 20 AÑOS
1976-1996

Primera edición: abril de 1996

Diseño gráfico: Ediciones Siruela

Miguel Yuste, 40. 28037 Madrid

ISBN: 84-86459-70-2
Depósito legal: M-11.331-1996
Impreso en Unigraf
Printed in Spain

LOS PORQUÉS
DE EL PAIS
DE LAS TENTACIONES

Ilustraciones de
César Fernández Arias

EDICIONES
EL PAIS

¿Por qué se aburren las ostras?

José Manuel Dorrego Sáenz
Pozuelo (Madrid)

El mejor
Porque las gambas nunca las invitan a un cóctel.

Javier Vidal Hausmann
Madrid

Que no se quejen, que lo peor está por llegar. Firmado: Chirac.

Antonio Serra Fons
Valencia

Porque no son tan abiertas como las almejas.

Daniel Revilla Carrera
Monzón (Huesca)

¿Por qué a las emisoras de radio y TV les llaman cadenas?

Pepe Domenech
Valencia

El mejor

Porque están llenas de fantasmas.

J. Gonzalo de la Sen R.
Leganés (Madrid)

Porque la programación que emiten invita a tirar de la misma.

Anabel G. Martínez (Zaragoza). Martín Beilin (Madrid). Agustín O. Martín (Madrid). C. Corral (Vigo). José Carlos F. Haba (Valencia)

Porque los individuos que las programan son el Eslabón Perdido.

Pedro Luis Gala Zapatero (Madrid).
Armando Beilin (Buenos Aires)

HEY

¿Por qué se dice tonto del culo y no del hígado o del páncreas?

Mabel y Marta Casa Rivera
Madrid

El mejor
Porque es más fácil decir las cosas a las espaldas.

Diego Rebolledo Gómez
Cantabria

¡Muy fácil! Porque el insulto es del género negro, muy negro.

Agustín García Pérez
Madrid

Porque el culo es la sede de la diarrea mental.

Rosa María Fernández Martínez
Almería

OOOA
AAAA
AAAV
UUU
AAA

¿Por qué a Tarzán nunca le crece la barba?

Julio Bayón Torres
Getafe (Madrid)

El mejor

Sí le crece, pero se afeita a la Chita callando.

Jesús Negredo (Madrid). Óscar García (León). Agustín Olivera (Madrid). Antonio F. de la Gándara (Las Palmas de Gran Canaria). Los Tres de Castilla (Valladolid). Carlos Rodríguez (Huesca). Santiago Fernández (Barcelona). Moisés Baena (Huelva). Pablo Díaz (Barcelona). José Miguel Hernando (Torrelavega). Juan T. García (Valencia). José C. Fernández (Valencia). Raquel Sáenz de Buruaga (Burgos)

Para poder ser el rey de los más monos.

Jesús Alonso Nosti
Madrid

Porque es un inmaduro. No hay más que verle todo el día corriendo medio desnudo dando gritos.

Platón Tería
Madrid

OKAL

¿Por qué la aspirina sabe siempre dónde te duele?

Rebeca Sanz Polvorinos (Madrid).
Marta Royano (Santander).
Anna Feijoo Rodríguez (Madrid)

El mejor

Porque es la hostia (pero en pequeñito).

Antonio Broto Desculluela
Madrid

Porque es ácido ACERTIL salicílico.

Miguel Jiménez (Ávila). Elisa Juste (Madrid). Rubén Hurtado (Madrid). J. López-Mezcua (Lleida). Juan J. Isac (Madrid). T. Checa (Guadalajara). J. Vidal (Madrid). P. Santos, M. M. García y Charo Rajado (Madrid). A. Hernández (Salamanca). Joseph Gallego i Roig (Valencia)

No lo sé, pero está claro que es una privilegiada. Y si no, que se lo pregunten al supositorio.

Manuel Tardío
Girona

BAYER usted a saber.

Tomás Agudo (Málaga).
Juan Cabrera (Lanzarote).
Edu (Madrid)

NO LOTIL. Firmado: Ángel Locatil.

Jesús Alonso Nosti y Francisco La Torre
Madrid

¡Oiga!, que yo voy todo el día de culo y también me lo curro, ¿eh? Firmado: un indignado supositorio.

Fernando Barbero Pérez
Barcelona

¿Porqué la aspirina sabe siempre donde TE duele?

Porque es un vaso DELATADOR.

Silvia
Madrid

Porque durante el interrogatorio te tortura el estómago.

Acacio L. Friera
Terrassa (Barcelona)

No siempre. A mí, con la crisis, lo que me duele es el bolsillo, pero llevo dentro una caja de 12 comprimidos y nada, no se me pasa.

Vicent Ivars
Calp (Alicante)

¿Por qué en los bancos no hay W. C.?

Luis Iranzo Cardona
Requena (Valencia)

El mejor

Por imperativo fiscal: todos los depósitos deben estar sujetos a retención.

Pilar Cristóbal Antón
Madrid

Porque no hay interés.

Jordi y Nuria Morant (Valencia). Arantxa Rebolledo (Cantabria). Juan T. García (Madrid). Ana M. Sánchez Campillo (Murcia). Agustín Olivera (Madrid). Antonio C. López (Alicante). Adolfo Domínguez (Madrid). Carmelo J. Díez (Teruel). Mari Mar García y Charo Rajado (Madrid). Poli y Pablo (Murcia). J. A. Barreda (Santander). Toni Cosano (L'Hospitalet de Llobregat)

Porque aplican unas retenciones como para no echar nada.

Pablo L. Rodríguez (Alicante).
Alfredo Plaza (Segovia).
Francisco G. Ruiz (Madrid)

Pues no lo entiendo, porque Mario Conde anda muy suelto.

Manuel Laguna
Madrid

Pues debería haber. ¡Para la mierda de intereses que dan!

Ricard González Tambo
Barcelona

Porque cuando entras en el banco ya vas cagao.

Francisco J. Guillem (Valencia).
Emeterio Valiente (Madrid).
Alfonso Chaney (Tarragona). Peña Nikbor (Barcelona).
Francisco J. López (Madrid). Faustino Ríos (Madrid).
Silvia Nadal (Valencia). J. J. Isac (Madrid)

P·O·R·Q·U·É En los Bancos no HAY W.C.?

Porque ya hay suficientes chorizos en sus consejos de administración.

Francisco J. Melero
Madrid

¡Con razón nadie olía lo de Conde!

Eugenio Vilanova
Alicante

Por lo mismo que no hay camas. Allí, para que te jodan, sólo hace falta una ventanilla.

Mamen
Jaca (Huesca)

¿Por qué algunas personas se casan de penalti y no de córner?

Antonio Pedroche Díaz (Barcelona).
Agustín Hernández (Salamanca)

El mejor

Porque el penalti lo provocó Amor y lo ejecutó Penev.

Araceli Terrones
Valencia

Cuestión de verticalidad.

Enric Carbonell Ros
Rafelbunyol (Valencia)

Pues yo conozco a pringaos que se han casado por echar polvos olímpicos.

José M. Sánchez Gamas
Madrid

VENGA

¿Por qué la carne es débil?

80/20
Madrid

El mejor
No lo sé, pero yo el rostro me lo noto muy consistente. Firmado: Amedo (pub Seis Peniques).

José M. Dorrego Sáenz
Pozuelo (Madrid)

¿Quién es el gilipollas que ha dicho eso? ¡Toca aquí, toca aquí! Firmado: Sylvester Stallone.

Agustín Olivera Martín
Madrid

Esa misma pregunta me hago yo todos los sábados por la noche.

José Antonio Pereira
Madrid

¿Por qué en las películas siempre se lleva las hostias el amigo del guapo?

Campari
Teruel

El mejor

Porque un amigo es sagrado.

David Alvear Martín
Valencia

Ya no somos amigos.

Carmen García
Madrid

Por ser además un primo.

Agustín Olivera Martín
Madrid

¿Por qué los calzoncillos no tienen bolsillos?

Lluís Fernández i Bergüés
Santa Coloma de Gramenet (Barcelona)

El mejor

Para no guardar ahí el tabaco y confundirse de colilla.

Ignacio Gil y Gari
Bilbao

Porque iba a tener guasa que rascarse los bolsillos encima diese gusto.

Juan J. Isac
Madrid

Pues no lo sé; me pillas en bragas.

Agustín Hernández
Salamanca

OK.
W.C

¿Por qué al W. C. se le llama inodoro?

Amalia de Arozarena de la Lama
Santander

El mejor

¿Inodoro? Pero si Wuele Capesta.

Miguel Ángel Martín
Alcalá de Henares (Madrid)

Lo ignodoro.

Alejandro Serrano (Valencia).
Miguel Albando (Vizcaya).
José Carvallo (La Coruña).
Martín Trolle (Valencia)

Porque está lleno de mierda
I NO D'ORO.

Emilio Velasco Cabanillas
Alcalá de Henares (Madrid)

WC

Operación

¿Por qué las chicas van al baño de dos en dos?

Juan Ignacio Ramos Galindo
Gandía (Valencia)

El mejor
Por si la cola es muy larga.

Santiago Romero
Salamanca

Porque cuando ya nada te sale
necesitas una mano amiga.

Neus Bolta
Meliana (Valencia)

Para tener un pis a pis.

Mark Campbell
Valencia

SOS
H

¿Por qué el que padece hemorroides las sufre en silencio?

80/20
Madrid

El mejor
Porque con ese tema de conversación no hay manera de hacer amigos.

José Manuel Dorrego
Pozuelo (Madrid)

Porque si las sufriera a gritos serían hemorruidos.

Alberto Moreta
Salamanca

Porque sufren mal del ojo.

Francisco Díaz Monge
La Coruña

10/10

Nueve de cada diez dentistas entrevistados optan por el chicle sin azúcar. ¿Por qué el que se abstuvo guarda silencio?

Yolanda Barrio García
Madrid

El mejor
Porque sólo le quedan dos opciones: tirar de la manta o pegarse un tiro.

José Luis Ramos Alía
Madrid

Porque es aforado.

Ander Somaloma
Bilbao

Porque todavía no ha sido entrevistado por Garzón.

Marina
Reus

¿Por qué ligan tanto Esteso y Pajares en sus películas?

Miguel Ángel Flores
Leganés (Madrid)

El mejor
Por esos ozores de la vida.

García y García
Zaragoza

Porque siempre hacen el amor con los calzoncillos puestos.

Antonio Ramírez Jiménez
Madrid

Porque, según el teorema de Larsson, "en toda españolada el grado de calentamiento de una sueca es proporcional a la palurdez del nativo".

Antonio Broto
Madrid

¿Por qué levanta tantas suspicacias el número 69?

Mario López
Granada

El mejor
Pregúntaselo al 6 o al 9, y si no te responden es porque están haciendo un 69.

Javier Peralta Alcalde
Barcelona

A mí el 69 no me levanta suspicacias, más bien otra cosa. Para suspicacias, el 66 o el 99.

Francisco Díaz Monge
La Coruña

Porque siempre que saco ese número me comen la ficha.

80/20
Madrid

¿Por qué Caperucita es roja?

Agustín Olivera
Madrid

El mejor

Porque el cuello de la capa le aprieta mucho.

Luis Javier Burgos Blánquez
Valencia

Porque en el cuento no da una a derechas.

Carlos Amil Gómez
Móstoles (Madrid)

Roja, roja, no era, pero se ponía morada con el lobo.

O Canfurco
Ferrol (La Coruña)

¿Por qué en las películas de terror siempre hace mal tiempo?

Mario Hilke
Málaga

El mejor

¡Anda! Por eso en los tiempos de Franco no había sequía.

Carlos Ramos Salazar
Madrid

¿Siempre hace mal tiempo? ¡Mierda!, a volver a hacer la película.

Rafael Ayuso
Dehesa de Campoamor (Alicante)

Pues yo vi una de los hermanos Calatrava en la que hacía un tiempo estupendo.

José Alberto García Muñiz
Tres Cantos (Madrid)

¿Por qué a la parte delantera de los coches se le llama salpicadero?

Javier Prieto Gallego (Valladolid)
y José Miguel Arocas Yago (Benifayó, Alicante)

El mejor
La culpa fue de la marcha atrás.

Los Tres de Castilla
Valladolid

Porque el interior siempre termina siendo un picadero y a veces salpica.

Iratxe Uribarri
Castelldefels (Barcelona)

¡Que se lo pregunten a Hugh Grant!

Pilar Zabaleta
Madrid

¿Por qué hay tantos pitufos si sólo hay una pitufina?

Arantxa y Diego Rebolledo Gómez
Los Corrales de Buelna (Cantabria)

El mejor

Porque en realidad es una putifina.

Luis A. Almarza (Alcorcón, Madrid). Juan C. Moreno (Algeciras, Cádiz). Pilar Zabaleta (Madrid). Luis M. Moreno (Pinto, Madrid). Carlos Sánchez (Villarrobledo, Albacete). Pedro V. Lázaro (Ayora, Valencia). José Cámara (Valencia). Joseba Mikel Carazo (Santurtxi, Vizcaya). Modesto Martínez (Madrid). Víctor Bolinches (Valencia). Rocío (Sevilla). Francisco J. Fernández Leal (El Ferrol, La Coruña). Antonio Carrión (Alicante). Daniel Santos Morales (Madrid)

Porque las mujeres no se andan con pequeñeces.

Luis Miguel Jiménez
Ávila

¡Odio esa pregunta! Firmado: el pitufo gruñón.

Juan M. Ramos García
La Línea de la Concepción (Cádiz)

¿Por qué son tan famosos fulanito y menganito?

Virginia Bañelos Bernal
Madrid

El mejor
¿Quiénes?

Ana Roldán Viñas (Alcalá de Henares, Madrid). Montse Serra (Barcelona). Luis Alberto Almarza (Alcorcón, Madrid)

Son unos aprendices. Firmado: Perico el de los Palotes.

Joan Quintana Compte
Barcelona

Porque son hijos de La Fulana. Sí, esa que es tan abierta.

José Luis Feito Rodríguez
Madrid

¿Por qué el Pato Donald lleva chaqueta, pero no pantalones?

Alejandro Serrano
Valencia

El mejor

Porque es Daisy quien lleva los pantalones en casa.

Eva Arrese (Madrid). Ángel C. C. (Barcelona). Estíbaliz González (Teruel). JTM. DD. (Madrid). Juan Ramos (La Línea). Aleida López (Reus). C. Marco (Madrid). Ana Sánchez (Madrid). V. Porres (Barcelona)

Cua, cua, cualquiera sabe.

Ana María Cabrera (Castellón). Javier Sánchez-Pardo del Moral (Madrid)

Porque entre patas no tiene pudor.

David Samos Hernández
Valladolid

¿Por qué la tostada siempre cae del lado de la mantequilla?

Francisco Javier Valle Vega
La Carolina (Jaén)

El mejor
Por joder. Si no, que se lo pregunten a Marlon Brando.

Julio de la Guardia
Lleida

Porque a la mantequilla le pesa demasiado la envidia. Firmado: la mermelada.

La Chiki-Maki
Alcoy (Alicante)

Porque es un pringada.

Juan Antonio Riaza (Madrid).
J. R. Bueno (Manises, Valencia).
Esperanza Aguilar (Móstoles, Madrid).
José Andrés Espinosa (Sevilla).
José Manuel Dorrego (Pozuelo, Madrid)

K.

¿Por qué los kleenex tienen tan mala suerte?

Óscar Martín
Arrabal del Portillo (Valladolid)

El mejor
Porque prefieren que les pongan verdes antes que comerse un marrón como el tío Scottex.

Íñigo Ugarte
Tres Cantos (Madrid)

Porque han topado con Kleen Eastwood.

Carlos López Moreno
Sabadell (Barcelona)

Porque es el papel que les ha tocado en la vida.

Antonio Femenías
Barcelona

MALAFAMA

¿Por qué tienen las gallinas tan mala fama?

Javier Ferreras
Madrid

El mejor
¡Qué sabrán ellas lo que es tener mala fama! Firmado: el Palomo Cojo.

J. F.
Benidorm (Alicante)

Porque están siempre tocando los huevos.

Óscar San Martín
Salamanca

Porque no puede ser toda de las mujeres.

Ana Belén Pérez
Murcia

¿Por qué las parejas no usan como anticonceptivo el nuevo Colgate Protección Total si su efecto prolongado dura hasta el siguiente cepillado?

Rubén Linares Castro
La Bañeza (León)

El mejor

Porque las mujeres prefieren que usen pilas Duracell, ya que su efecto hace que dure dura, y dura, y dura, y dura, y dura más tiempo.

Lourdes Rocamora
Madrid

Evidentemente, por la pasta.

Susi Chaves Ramón
Valencia

Porque el frotar se va a acabar.

Paz Muñoz de la Peña
Madrid

¿Por qué Ken, el novio de Barbie, no tiene lo que hay que tener?

Marta Díaz Caso
Gijón (Asturias)

El mejor
Porque de niño jugaba con muñecas.

G. O. R. V. V.
Madrid

Por debilidad del material: no sea que se le abran las muñecas.

Teófilo Arribas González
Alcalá de Henares (Madrid)

Porque si lo tuviera, las niñas dejarían de jugar a las muñecas para pasarse durante horas y horas montándolo y desmontándolo.

Amadís de Murga
Palafrugell (Girona)

DYNAMITE

¿Por qué la cagaste, Burt Lancaster?

Pepe Perejil
Córdoba

El mejor

Frecuenta la letrina / Greta Garbo la Divina. / Se le aflojó el intestino / a Rodolfo Valentino. / Le arreó un apretón / al bueno de Van Johnsón. / Y se fue por las perneras / un tal Antonio Banderas. / Se ve que no es tabú / hacer caca en Jolivú.

Agustín Oliveras Martín
Madrid

Porque me entró un apretón, Alain Delon.

José Manuel Dorrego Sáenz
Pozuelo (Madrid)

Pues por lo mismo por lo que Inés me chupa los pies, Alfredo me chupa los dedos y... ¡Montoya!... ¡No huyas!

Ricard González y César Miguel
Barcelona

¿Por qué los curas no llevan bigote?

Antonio Pedroche Díaz
Igualada (Barcelona)

El mejor
Para distinguirse de los guardias civiles, ya que tanto unos como otros acatan órdenes superiores, reparten hostias y escuchan confesiones.

Isidoro Martínez
Cádiz

Porque tienen unas maquinillas divinas.

Agustín Hernández Paniagua
Salamanca

Porque los bigotes nacen, crecen y, como los curas no se reproducen, pues mueren y desaparecen.

M. Á. Uribe y J. A. Parra
Huércal-Overa (Almería)

¿Por qué las mujeres no silban?

Nicolás Resines
Gijón

El mejor

Es mentira. Y si no, que le pregunten a Silba Tortosa, Silba Munt, Silbana Mangano y Silba Kristal.

Chufi

Porque prefieren tocar el pito.

Milagros Barón Aguado (Cantabria).
Antonio Carrión (Alicante)

No sólo silban, sino que, con otros labios, dejan callados a muchos pitos.

Francisco Martínez (Las Palmas de Gran Canaria). Prudencia Manglano (Gran Canaria)

¿Por qué se dice "por si las moscas"?

Cristina Almazán
Madrid

PORQUÉ SE DICE: Por si las Moscas?

El mejor

No sé, pero escribo "por si las moscas".

José María Medina y Juan Toribio García (Madrid). Javier Ochoa (La Coruña). Ana S. (Salamanca). Ángela Ebri Pascual (Valencia). Luis A. Gutiérrez (Laredo)

Psssssssss, no sé.

Teresa Carvallo
La Coruña

Tampoco hay por qué mosquearse, ni por qué andar con la mosca detrás de la oreja porque se diga "por si las moscas", o "¿a ti qué mosca te ha picado?". Además, en boca cerrada no entran moscas.

Ramiro Martín
Pontevedra

¿Por qué los príncipes son azules?

María Cáceres
Madrid

El mejor

Porque todas las mujeres quieren tener para siempre a un príncipe "a zu lado".

Ismael Sánchez Gutiérrez

¿Azules? Firmado: Baltasar.

Raúl Cirujano Segura
Madrid

Al principio son azules. Después se ponen morados.

Claudina Prieto
Jaén

¿Por qué cuando cambiamos de una fila numerosa a otra, la que hemos dejado avanza más rápido?

Antonio Lorenzo Ventura
Alcalá de Henares (Madrid)

El mejor

Porque mi cola siempre es la más larga.

Alfredo Lafuente Arroyo
Madrid

Porque soy un gafe, tengo mucha prisa, estoy en el paro, mi familia no me quiere, mi novia me ha dejado y tengo mi cuenta en Banesto.

Ignacio Lozano
Cáceres

Porque la vida anda más deprisa cuando nos apeamos.

Nati Torres
Tamarit (Huesca)

1 0

¿Por qué los futbolistas son tan poco discretos al frotarse sus partes pudendas ante millones de espectadores?

Redacción de informativos de Radio Getafe
Madrid

El mejor

Porque no hay cosa más rica que rascarse donde pica.

Trinidad García Moreno
Alcolea (Córdoba)

Porque les gusta Bach y quieren tocar el órgano.

Abelardo Barriuso Vicente
Cáceres

Porque les toca las pelotas lo que piensen los espectadores.

Puy Ayarza Arribas
Salamanca

¿Por qué cuando voy a comprar preservativos la farmacia siempre está llena?

Ramón Cordero
Madrid

El mejor

Porque los 33 centímetros en estado de reposo de tu membrum virile son la comidilla del barrio.

Miguel Paz
León

Porque son los piquetes de la Conferencia Episcopal.

Agustín Olivera Martín
Madrid

Porque seguro que eres una persona CON-DON de gentes.

Juan José Moya Quesada
Madrid

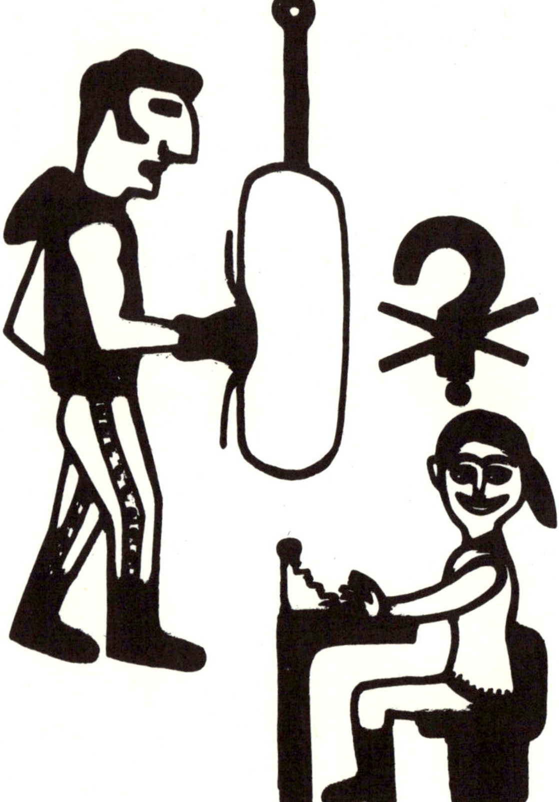

¿Por qué no tendré el valor suficiente de propinarle un puñetazo a mi jefe?

Carmen Chamorro García
Madrid

El mejor

Porque con la trepanación fue suficiente.

José Luis Carrasco Moreno
Madrid

"Nada más lejos de mi imaginación (punto) Don Ramón es una bellísima persona (coma) merecedora de las más elevadas loas y agradecimientos (punto final) ¿Está bien así, don Ramón? Sí, don Ramón. Gracias, don Ramón."

Alfonso Vázquez Siu
Madrid

Porque detesto que maltraten a los animales.

José Javier García Jiménez
Madrid

OK

¿Por qué una cosa mala es siempre un COÑAZO y una buena algo COJONUDO?

Ángel P. Aguilar
Logroño

El mejor

Para mí es algo relativo, porque estoy seguro de que nadie es capaz de negarme que un buen coñazo siempre es y será cojonudo.

Manuel Charri
Tarancón (Cuenca)

No tengo ni zorra idea, pero la pregunta es de puta madre.

Duncan Louis Boyd
Madrid

Existe también otra frase que debemos conocer: "El hombre es el sexo fuerte, pero la mujer es la fuerte del sexo".

Yolanda González Díaz
Leganés (Madrid)

¿Por qué la humanidad ha podido sobrevivir tantos años sin almohada cervical?

Agustín Olivera
Madrid

El mejor

Difícil explicación / en la historia universal / han supuesto tantos siglos / sin almohada cervical. / Cuentan que desde el principio / de la misma humanidad / se oía en el paraíso / a Adán roncar y roncar. / Eva intentó con la manzana / del árbol del Bien y del Mal / acabar con el ronquido / de nuestro buen padre Adán. / Pero no lo consiguió / y, expulsados además / por siempre del delicioso / paraíso terrenal, / se vieron ya condenados / a sufrir y a trabajar, / a parir con el dolor / y, por la noche, a roncar. / Así que, tras miles de años, / con la almohada cervical / se soluciona un problema / de toda la humanidad. Firmado: la Virgen del Pillow Dice.

Merce Bravo
Zaragoza

¿Por qué a la cama la llaman cama y a la cómoda la llaman cómoda si la cama es más cómoda que la cómoda?

Pablo Pérez González
Málaga

El mejor

Probemos: ¿te vienes conmigo a la cómoda? No. Probemos otra vez: ¿te vienes conmigo a la cama? Tampoco. Conclusión: da igual cómo se llame.

José A. Sánchez Paso
Salamanca

Por lo mismo que a la pelota la llaman pelota y a la bota, bota, cuando lo que bota es la pelota y no la bota.

Mario Paz y González
Villalba (Lugo)

Porque la cómoda es para que coma el que se acomoda y la cama es para que se acomode el que coma.

Javier P.
Madrid

¿Por qué usar calcetines blancos discrimina?

Teo Galán
Badajoz

El mejor

¡Me cagon la! Era por los calcetines y no porque fuera negro.

Jesús Toral Jiménez
Collado-Villalba (Madrid)

¡Date! Ya sé por qué no me admiten en el Cucuzclán. Firmado: Michael Jackson.

Mario
Barcelona

Pues Felipe González se los pone en las patillas. Hay quien dice, digo yo que con malicia, que tiene los pies en la cabeza.

Luis Ortiz
Madrid

¿Por qué los toreros cargan el paquete a la izquierda?

Olga Jiménez
Barcelona

El mejor

Porque a la derecha llevan las pilas del traje de luces.

Lourdes Fernández Baro
Madrid

Porque lo que asoma por el muslo izquierdo sólo es un artilugio para engañar al toro. Los toreros, en el ruedo, llevan el paquete por corbata.

Nuria de Andrés Garriga
Barcelona

Porque, en los últimos días, a la izquierda le están cargando unos buenos paquetes.

Franco Bendayan Petri
Madrid

¿Por qué la primavera la sangre altera?

Pilar Aguirre
Zaragoza

El mejor

Porque toda la familia estamos como un tren y mi prima Vera no iba a ser una excepción.

Luis Miguel Gil Prieto
Madrid

Porque hay mucho capullo suelto.

María José Espuelas Martínez
Barcelona

Porque al llegar la primavera se produce una reacción inmunológica de mucha envergadura.

Colectivo de la Cantina de Medicina
Murcia

¿Por qué sólo los besugos bailan 'bakalao'?

Antonio Marcos
Madrid

El mejor

Porque se creen unas estrellitas y son sólo unos percebes (algunos con raya y caballo) con una merluza encima que no se aguantan.

Víctor Díaz Fernández
Lugo

Porque se encuentran como peces en el agua.

Jordi Pérez Colomé
Barcelona

Porque sólo el Pescaílla baila flamenco.

David Ruiz Segura
Valencia

¿Por qué la novia de mi amigo siempre está mejor que la mía?

Juanjo Sánchez de Agustín
Málaga

El mejor

Porque no me conoces. Llámame.

Paloma Andreo
Algarve (Portugal)

Porque mi amigo se llama David Copperfield.

Juan Antonio Barranco
Madrid

Consuélate, tu novia lo hace mucho mejor que la mía.

Jesús Soria
Orense

W

¿Por qué el sujetador Wonderbra pone en peligro los objetivos señalados en la Conferencia sobre el Control Demográfico de El Cairo?

Guillermo Morado Acuña
Pontevedra

El mejor

Es que al ser en El Cairo, si no llevan ese sujetador los maridos les dirán: Nilo sueñes.

José Ángel Arévalo
Santa Cruz de Tenerife

Porque con el Wonderbra se Cairá en malas Tetaciones.

Cecilio Serrano
Palencia

Porque desencadena un Instinto básico que acaba en Atracción fatal.

Juan Ametller
Girona

¿Por qué Tarzán usaba taparrabos si en la selva ningún animal escondía sus vergüenzas?

Vicenta Castro
Lugo

El mejor

Porque el hombre es el único animal que se avergüenza de su sexo en vez de avergonzarse de su mente.

José Luis Casado
Valencia

Porque las lianas son muy espinosas.

Rebecca Fred
Massachusetts (Estados Unidos)

Porque Chita, en cuanto veía un plátano, lo pelaba.

José Luis Díez de la Osa
Madrid

¿Por qué se corre la voz?

Banda Avutarda
Valladolid

El mejor
¡Ojalá! Firmado: Il Castrati.

La Vaquería
Albacete

Por las malas lenguas.

María José Rivera
Barcelona

Claro que se corre La Voz. ¡Que se lo pregunten a Frank Sinatra!

Abelardo Barriuso
Cáceres

DOCTOR
LANDRU

¿Por qué cuando te vas a casar todo el mundo te dice que no lo hagas?

Almudena
Madrid

El mejor

Porque el matrimonio es como el metro: los que están dentro quieren salir; los que están fuera quieren entrar. Salaos.

Peri, Mariano y Pinto
Salamanca

Porque conocen las recomendaciones del PSV = Pareja Sin Vivienda.

Clotilde Millán Montero
Madrid

Porque para cien gramos de chorizo no vas a coger todo el cerdo.

Teresa Hernández
Palencia

SEXO

¿Por qué de Freud dicen que fue un genio y de mí, que también pienso siempre en el sexo, dicen que soy un obseso?

Emilio Escrivá Donet
Valencia

El mejor
Porque para Freud pensar en sexo era turbación y buscaba frustraciones, y para ti pensar en sexo es masturbación y buscas frotaciones.

José Ignacio Bellido
Salamanca

Porque uno pensaba con la cabeza y el otro con la bragueta.

David García Corral
Barcelona

Porque Freud se preocupó por el sexo de toda la humanidad y a ti te preocupa solamente el sexo de la mitad de la humanidad.

José A. Sánchez Paso
Salamanca

Por qué de Freud dicen que fue un genio, y de mí que también pienso siempre en el sexo dicen que soy un obseso?

¿Por qué a la sombra de un viejo corrupto florece siempre una mujer lozana?

María Fernández
Tres Cantos (Madrid)

El mejor
Porque les gusta el coito in-corrupto.

Agustín Olivera
Madrid

Porque cuando los periodistas tiran de la manta es para descubrir a la mujer lozana que hay debajo, y no al corrupto.

José A. Sánchez
Salamanca

Porque es bien sabido que antes que hombres con un par de pelotas las mujeres los prefieren con algún que otro pelotazo.

Luis Trijueque
Madrid

1000

¿Por qué la gente enciende el mechero en los conciertos?

Juan Pleguezuelos
Zamora

El mejor
Intentan quemarle los cojoncillos a Luis Eduardo Aute y así comprobar que está realmente disecado.

Ricardo Faciabén
Elche (Alicante)

Porque aLUZinan.

Juan Carlos Moral
Valencia

Para recordarle a la estrella del rock de turno que han pagado 3.000 por la entrada y, como no les guste la actuación, lo van a quemar vivo.

Antonio Pedroche Díaz
Igualada (Barcelona)

¿Por qué mis padres creen que mi novio es un vago, mis amigas que es feo, mis amigos que es un chulo y yo lo encuentro simplemente maravilloso?

Lourdes
Vigo (Pontevedra)

El mejor

Él también te encuentra maravillosa, a pesar de las cosas irreproducibles que dicen de ti su mujer y sus hijos.

Begoña Ripoll
Salamanca

Porque tus padres, tus amigas y tus amigos no venden cupones de la ONCE como tú.

Guillermo Pernas
Madrid

Porque en realidad tus padres detestan el cimbel de tu novio, tus amigos lo envidian, tus amigas lo desean y sólo tú lo disfrutas.

El dueño del cimbel de tu novio
Torrelavega (Cantabria)

¿Por qué las hormigas van siempre en fila?

Enrique López Fernández
Madrid

El mejor

Porque así cuando viene el oso hormiguero se las esnifa a todas de una raya.

Cristina L. y Noel M.
Barcelona

Porque para subir escalones hay que chupar el culo al superior.

Lucía, Annabella y Miguel
Salamanca

Porque a la entrada del hormiguero siempre hay una oficina del Inem.

Manuel Gómez de Parada
Madrid

¿Por qué lleva Superman los 'slips' encima de los pantalones?

E. T.
Madrid

El mejor
Dentro de una cabina telefónica y en dos centésimas de segundo... ¿qué queréis?

Magui
Palencia

Para diferenciarse de Ruiz-Mateos, que los lleva en el cerebro.

José A. Sánchez
Salamanca

Porque Ágatha Ruiz de la Prada y Paco Clavel son sus asesores de imagen.

José Damián Pérez
Madrid

13

¿Por qué los toreros no llevan bigote?

Francisco Oteo Vázquez
Logroño

El mejor

Eso lo sabe Rocío Jurado, llamadla.

Vicente Cuevas Fajardo
Valencia

Porque, como contestó un afamado torero, para serlo sólo hacen falta las tres bes: balor, boluntá y buevos.

Nekane Larrazábal Inchausti
Valencia

Para que Aznar no pueda ser torero.

Fernando Montes Ruidíaz
Palma de Mallorca

S
O
L
A

¿Por qué me encuentro tan solo sin ti?

Ignacio Izquierdo
Madrid

El mejor
Porque soy la leche.

Josué Lillo
Madrid

Porque te has llevado la televisión contigo. ¿Puede haber otra razón?

Pedro Cabello Hidalgo
Mairena del Aljarafe (Sevilla)

Porque soy el principio y el fin. Estás exiliado de mí y soy una ráfaga, la tierra cobriza que pisas, el ron Caribe que embriaga.

Geneviève Sénéchal
Barcelona

¿Por qué si los misioneros son célibes existe la "postura del misionero"?

Manuel Gómez de la Prada
Madrid

El mejor

Porque la Iglesia siempre toma postura, se posiciona en cualquier asunto. Debemos agradecerle su sapiencia en este tema.

Carlos González
Asturias

¡Porque es la de Dios, tío!

David Martín
Madrid

La misión del celibato es postura de vida, / el misionero cambia de postura y pierde el celibato, / el celibato no es la misión, sino la postura, / creer que el celibato es una postura no ayuda a la misión.

César Martín
Barcelona

¿Por qué un banquero es un tipo de interés?

Olga Menéndez Díaz
Madrid

El mejor

Porque es bien conocida su SOLBEScia.

Raúl Cirujano
Madrid

No es cierto. Para mí, el único tipo de interés es el de Claudia Schiffer.

C. A. L.
Santiago de Compostela

Porque es un buen tipo a corto plazo, malísimo a largo plazo, de alta rentabilidad para sí mismo y de escrúpulos rápidamente amortizados.

Jesús Núñez
Puertollano (Ciudad Real)

PIPERMINT
CLUB

¿Por qué los de Villarriba no les dejan el 'fairy' a los de Villabajo?

Antonio Pedroche Díaz
Igualada (Barcelona)

El mejor

Desde Villaenmedio. Porque no les dejamos pasar, ya estamos hartos del trajín que se traen con los botes a todas horas.

Óscar Alcaide López
L'Hospitalet (Barcelona)

Porque es mejor no relacionarse con cierta clase de individuos que prefieren limpiar una paellera antes que irse de fiesta.

Esteban Pérez Duque
Melilla

Los de Villarriba no dejan el fairy, se oponen al trasvase Tajo-Segura, pasan de Ruanda, no ven con agrado la cesión del 0,7%... Son así.

Antonio Carrión López
Playa de San Juan (Alicante)

1000

¿Por qué a los futbolistas les gustan tanto las primas?

Julio César Caneiro
Coslada (Madrid)

El mejor

Lo extraño es que se vuelvan locos por las de más de cien kilos.

Alejandro
Madrid

Porque es lo que más les estimula para meterla.

José A. Sánchez Ruano
Salamanca

Su pregunta me recuerda aquella historia de un furbolista gallego que, entrando en un restaurante abrazado a dos imponentes señoritas, ante la pregunta: "¿Qué, Amoedo, debutas?", contestó: "¡Qué va!, son mis primas". Perdón, hablamos de las mismas primas, ¿no?

Víctor García-Echave
Nigran (Pontevedra)

¿Por qué en las películas estadounidenses los héroes nunca tienen problemas de aparcamiento?

Redacción de Tentaciones

El mejor

Porque ¿puede imaginar a la secuestrada de turno temiendo por su vida mientras Harry el Sucio da vueltas a la manzana buscando aparcamiento y soltando tacos? Ya no sería Harry el Sucio, sería un julai como yo, que llega tarde dondequiera que vaya.

Rubén Rodríguez Román
Lugo

Porque tampoco nunca van a hacer pipí ni caca (la cantidad de coca-colas y hamburguesas que engullen les daría para un ratito).

Jean-Marc Simon
Madrid

Porque los verdaderos héroes somos nosotros, sin directores que nos marquen ese espacio que nos permita aparcar, después de haber trabajado 10 horas.

Luis Plaza de Mingo
Madrid

¿Por qué en las películas del Oeste el caballo del malo es siempre el más lento?

Francisco José Lozano Moya
Madrid

El mejor

Porque si fuera muy rápido, en la primera secuencia ya habría llegado al acantilado burlando a los indios parapetados detrás de las piedras, en la segunda habría cruzado el río sin ninguna dificultad y en la tercera alcanzaría el rancho donde se encuentra la chica mucho antes que John Wayne. ¡Qué fiasco para ella! Fin de la película.

Nati Hernando Jiménez
Madrid

Porque detrás de cada malo montado encima de su caballo había un guionista con ganas de dormir apaciblemente, sin el temor de que prescindieran de sus servicios, y soñando con que le invitaban a todas las fiestas horteras de Beverly Hills.

Jean-Marc Simon
Madrid

JESUS

¿Por qué al estornudar se suele decir siempre ¡Jesús! y no ¡Luis Alberto!, por ejemplo?

Antonio Pedroche Díaz
Igualada (Barcelona)

El mejor
Veo que eres uno de los muchos incultos que ignoran que Jesús no se utiliza como nombre, sino que es la abreviatura de: Joder Está Siempre Usted Salpicando.

María Fuencisla Iborra
Madrid

Gracias a Dios, las telenovelas han influido poco en nuestra cultura. ¿Os imagináis que dijéramos ¡Paco! en lugar de ¡Adiós!, y eso que Paco mandó más que Dios en este país. Pues eso.

Mónica L. García Rodríguez
Barcelona

Mi abuela decía: "¡Jesús, María y José!". Claro que entonces no había televisión y se hablaba más.

Agustín Olivera Martín
Madrid

¿Por qué Claudia Schiffer ha pillado un novio mago con cara de mala leche y no paleta o guardia urbano?

Mónica Soto García
Barcelona

El mejor

Porque sólo el mago le puede hacer el truco que más le gusta a ella: ahora la ves, ¡zas!, ahora no la ves.

Marcos Jiménez Aceitero
Madrid

Sólo ella sería capaz de enderezar la torre de Pisa, ¿no?

Hugo Espadas
Alcalá de Henares (Madrid)

La pobre entendió mal / de su abuela el consejo: / "Niña, no te importe / que tu novio sea feo, / si realmente sabe hacer / magia con el conejo".

María José Palacios
Madrid

¿Por qué sigue Perales preguntándose a qué dedica el tiempo libre, si es evidente que le ponía los cuernos?

Concepción Perea Gómez
Sevilla

El mejor

No lo sé, pero oyendo al Perales no me extraña que se haya largado con el primero que pasara por delante de su puerta.

J. J. Moreno
Barcelona

Porque está en la primera fase de la borrachera: negación de la evidencia. Ya verás cuando llegue a la fase de los cantos regionales.

Samuel
Aranda de Duero (Burgos)

¿Por qué los enanitos son siete?

Eva María Albiol
Peñíscola (Castellón)

El mejor

Porque Blancanieves no cierra el domingo.

Elena Rueda Ortiz
Zaragoza

Porque todos los números estaban ya cogidos: los Tres Mosqueteros, los Cuatro Jinetes del Apocalipsis, las cinco en punto de la tarde, el seis de oros, Con ocho basta, Nueve semanas y media, los Diez Mandamientos, Los doce del patíbulo...

Agustín Hernández Paniagua
Salamanca

Porque si en vez de siete fueran 2.625.414 enanitos, el cuento, probablemente, perdería toda su gracia.

El Barbas
Madrid

¿Por qué los que conducen coches de lujo van siempre hablando por el teléfono móvil?

María Madrazo
Cantabria

El mejor

Bueno, es cuestión de clase. Unos se sacan el moco y otros se lo tiran.

Sebastián Sánchez
Guadalajara

Como esos teléfonos tienen muy buena AUDIción, llamarán a sus amantes y les dirán: ¡MERCEDES-BENZ! Luego las llevarán a una PORSCHEría de motel y se jugarán su estabilidad familiar por echar un VOLVO. A todo esto, sus inocentes mujeres se FIAT de ellos y no sospechan que SEAT infieles. Pero, en fin, qué MAZDA, si esto sólo les sucede a los ejecutivos TRIUMPHadores.

José Ángel Arévalo
Santa Cruz de Tenerife

¿Por qué los periodistas que presentan los telediarios de fin de semana tardan tanto tiempo en despedirse?

Mario Zottola
Madrid

El mejor

Porque se quieren quedar contigo.

José R. Fernández Ramos
Vigo (Pontevedra)

Porque en la Europa comunitaria no hay que despedirse a la francesa.

Geneviève Sénèchal
Barcelona

Porque en ningún otro momento del telediario pueden justificar sus estúpidas y permanentes sonrisas.

José Luis Corral
Madrid

?
1
2
3
4
5
6
7

¿Por qué los gatos tienen siete vidas?

P. G. A. (Madrid).
Paloma Ramírez (Sevilla)

El mejor
¡Joder!, que al mío lo he enterrado a la primera.

Hermanos Bolinche Alarcón
Valencia

Es falso. Coged a uno cualquiera, disparadle a la cabeza, pasadlo por la batidora, dejadlo unos días sumergido en ácido y finalmente lanzad sus restos al mar: nunca sabréis nada de él. ¡Horror, acabo de oír un maullido! Firmado: Jack el Des...

Josep Gallego y Roig
Valencia

Por múltiples ratones.

Abelardo Barriuso
Cáceres

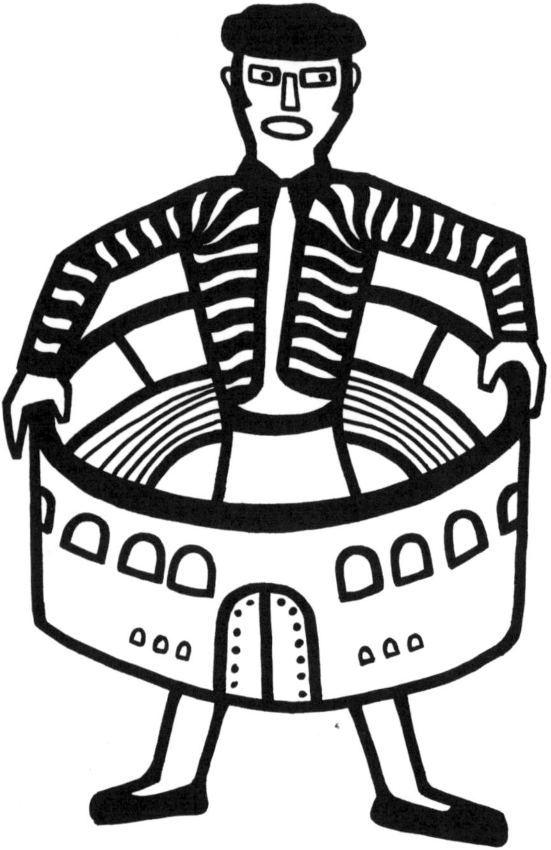

¿Por qué las plazas de toros son redondas?

Juan Carlos Fernández Haba
Valencia

El mejor

Porque para tratar un asunto de cuernos siempre hay que andarse con rodeos.

Antonio F. de la Gándara
Las Palmas de Gran Canaria

Para que el torero no pueda darle esquinazo al toro.

León Ruiz de Vries (Fuengirola). Evaristo Castaño (Málaga).
Miguel Ángel García González (Lugo).
Antonio Carrión (Alicante). José Miguel Rumbo (Albacete)

Para que los toros no meen en las esquinas.

Luis Espiñeira (La Coruña). Ángel (Valladolid). Miguel Ángel Sánchez,
José Béjar, Xavier y Silvia Llobet (Lleida). Alberto Guerrero (Málaga).
Pedro Nolasco (Ciudad Real). José R. Tomé (Pontevedra).
Félix Pérez (Pamplona). Luis I. Ormaechea (San Sebastián).
Yolanda Sevilla (Cuenca)